McGRAW-HILL•LECTURA

Contributors

The Princeton Review, Time Magazine

The Princeton Review is not
affiliated with Princeton
University or ETS.

McGraw-Hill School Division ⚛

A Division of The McGraw·Hill Companies

McGraw-Hill School Division
Two Penn Plaza
New York, New York 10121

Printed in the United States of America

ISBN 0-02-184825-4/1, Book 4

3 4 5 6 7 8 9   043/071   04 03 02 01 00

Macmillan/McGraw-Hill Edition

McGRAW-HILL·LECTURA

Autores

María M. Acosta

Kathy Escamilla

Jan E. Hasbrouck

Juan Ramón Lira

Sylvia Cavazos Peña

Josefina Villamil Tinajero

Robert A. DeVillar

 **McGraw-Hill
School Division**

New York   Farmington

¿Qué piensas?

¿Qué piensas?

Canciones de la preguntona

Señora Jirafa,
¿es cierto que usted quiere
ser más baja?

Señor Elefante,
¿es cierto que usted quiere
ser más elegante?

María Hortensia Lacau

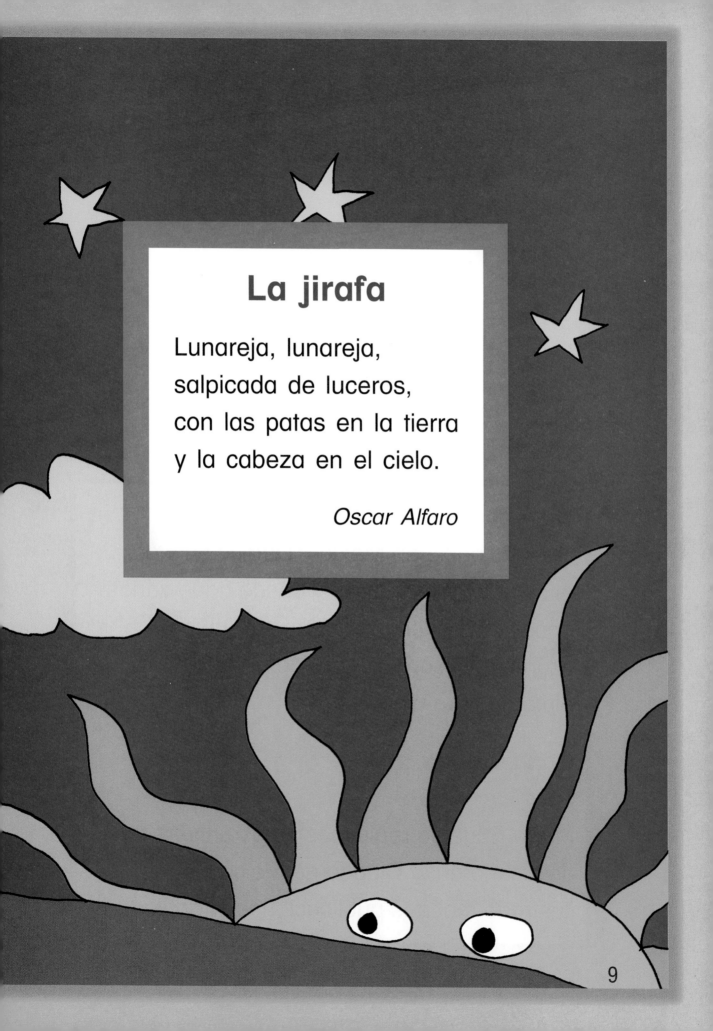

La jirafa

Lunareja, lunareja,
salpicada de luceros,
con las patas en la tierra
y la cabeza en el cielo.

Oscar Alfaro

9

Conozcamos a Rodolfo Fonseca

Rodolfo nació en México. Dedicó su vida al estudio de las letras y desde hace varios años viene editando libros para niños. Pronto publicará un libro de poetas y pintores para niños.

Conozcamos a María Eugenia Jara Oseguera

María Eugenia realizó estudios universitarios de diseño en la Ciudad de México y ha ilustrado muchas publicaciones infantiles.

EL CONEJO
. . .
pocas letras

Rodolfo Fonseca

ilustraciones de Mara Jara

Conejo, no seas tonto.

No estés tan triste
que no hay porqué.

Yo sé en qué piensas.

Te lo adivino y te lo diré.

Quisieras tener
las orejas más pequeñas
así y así...

La cola un poco más larga
así y así...

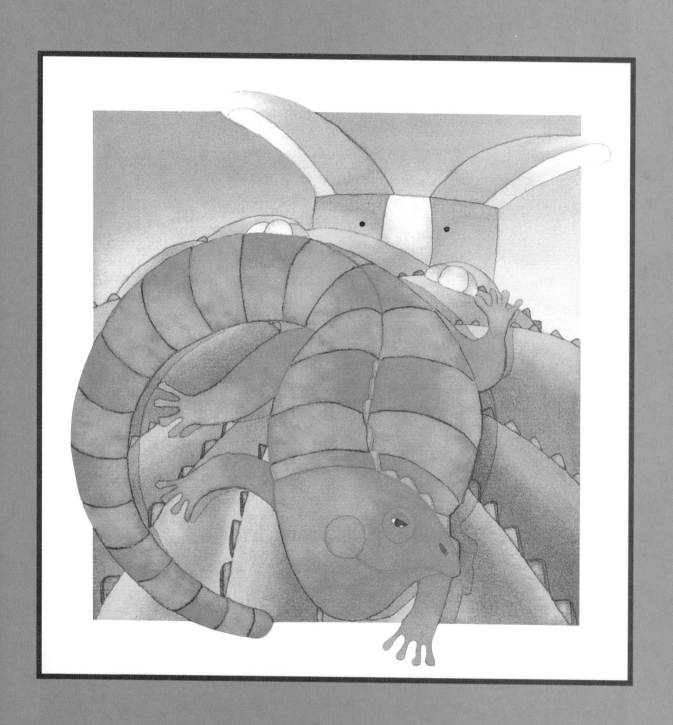

Los ojos más redondos
así y así...

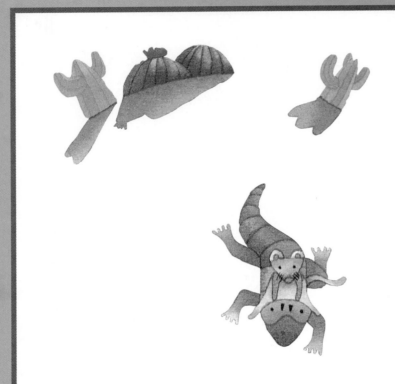

Conejo, no seas tontito

que de conejo te ves mejor.

Preguntas y actividades

1 ¿Por qué está triste el conejo?

2 ¿Qué te enseña este cuento?

3 ¿Te gustaría ser conejo?

4 ¿Cómo resumirías este cuento?

5 ¿En qué otro cuento hay un animal grande con orejas pequeñas?

Haz una lista

Haz una lista de tres o cuatro razones para convencer al conejo de que es bueno ser conejo.

1. Con las orejas largas se oye mejor.
2. Si uno tiene la cola corta, no tropieza con ella.
3. Los ojos alargados son muy bonitos.

30

Amplía el cuento

¿Qué otra cosa quisiera el conejo que fuera distinta? Fíjate bien en el texto y las ilustraciones del cuento. Añade una página copiando el estilo.

El cuerpo un poco más largo así y así...

Investiga

¿Conoces otros cuentos con moraleja? Pide que te cuenten uno nuevo y luego cuéntaselo a un amigo.

Tabla

Esta tabla muestra los animales a los que el conejo se quería parecer y las razones que tenía.

	Puma	orejas pequeñas
	Camaleón	cola larga
	Lechuza	ojos grandes

Observa la tabla

1 ¿Por qué quería el conejo ser camaleón?

2 ¿Qué animal tendría que ser para tener las orejas cortas?

La mascota de Tito

Tito tiene un pez.

Vive en una pecera.

Tito le da comida a su pez todos los días.

La comida se queda encima del agua.

El pez sube nadando a buscar la comida.

Luego vuelve nadando al fondo.

¿Por qué sube nadando el pez?

○ Para saludar a Tito

○ Para buscar la comida

¿Qué me dice el cuento?

La brujita glotona

La brujita saltarina salta y juega en
   su cocina.

¡Sákalaflass!... ¡sákala fles!...

guiso al revés...............

¡saka... suki... sakaliflón!...

postre con repetición.

¡Ay ... ay ... qué indigestión!

Carmen Rojas

Conozcamos a
Margarita Robleda Moguel

Margarita nació en México. Es autora de la colección *Cuentos para pulguitas* dedicada especialmente a niños como tú.

Conozcamos a
Maribel Suárez

Maribel es una verdadera artista. Sus ilustraciones de *El gato de las mil narices* son un placer para niños y adultos.

Margarita Robleda Moguel

ilustraciones de Maribel Suárez

EL GATO DE LAS MIL NARICES

Éste era un gato, con nariz
de trapo y ojos al revés...

¿Quieres que te lo cuente otra vez?

¿Gato con nariz de trapo?

¿Gato con ojos al revés?
Cuentos que comienzan una y otra vez.

Pero este gato, con nariz de trapo...
¿Sabes dónde vive?

¿Sí? ¿No?

¿Quieres que te lo diga en secreto?

Pues bien, este gato con nariz de helado...

¡Ay, me equivoqué!
Comienzo de nuevo.

Este gato con nariz de pato...

¡Otra vez!

Este gato con nariz de pavo...

¡Ay!

Nariz de sapo...

¡Mamá!

Nariz de taco...

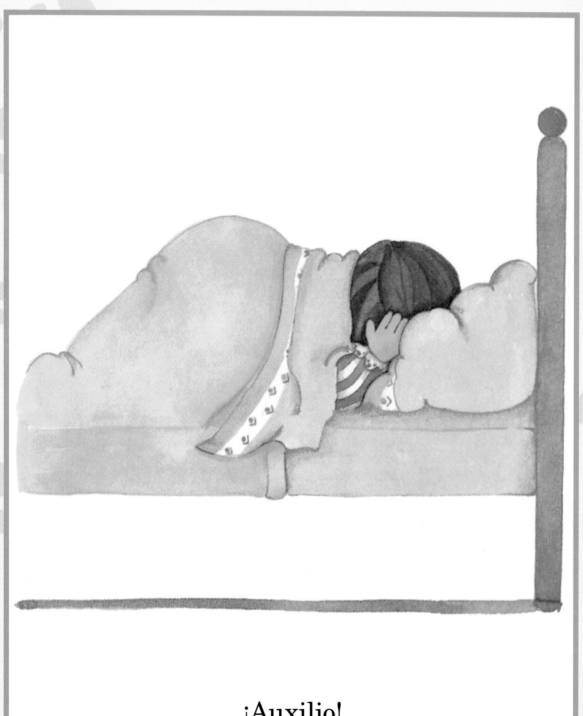

¡Auxilio!

Este gato con nariz de trapo
y ojos al revés...

¡Al fin!

Vive en el país de los sueños,
en una nube azul y blanca...

...donde puede tener todas las
narices que le dé la gana.

Preguntas y actividades

1. ¿Cuántas narices tiene el gato?

2. ¿Por qué no puede dormir la niña?

3. ¿Cómo hubieras terminado el cuento?

4. ¿Puedes resumir el cuento?

5. Compara al gato con el conejo del cuento anterior. ¿Está contento el gato con sus narices?

Escribe una carta

De todas las narices que se mencionan, ¿cuál prefieres? Escribe una carta a la niña del cuento. Dile qué nariz te gusta más y por qué para convencerla de que le cambie la nariz al gato.

Querida niña:
Creo que la mejor nariz es la de pato. Así el gato es medio gato y medio pato. Por favor, cámbiale la nariz porque si se cae al agua no se ahogará.
Tu amiga,

Clara

Haz un rompecabezas

Busca la foto de un gato. Córtala en pedazos como si se tratara de un rompecabezas. Pide a un compañero que arme el rompecabezas.

Investiga

Algunos gatos son domésticos, pero otros son salvajes. Averigua algo sobre ellos.

59

Votación en la clase

Esta tabla muestra qué nariz prefieren algunos niños para el gato del cuento.

Cuenta los votos.

Anota cuántos niños prefieren cada nariz.

¿Qué nariz prefieres para el gato?			
🌑	/////	🐦	////
🍦	//	🐸	//
🐘	////////	🧢	///

Observa la tabla

1 ¿Cuántos prefieren la nariz de trapo?

2 ¿Qué nariz tiene más votos?

Quica y su papalote

Quica va afuera con su papalote.

Encuentra un lugar sin árboles.

Desenrolla el cordel de su papalote.

Levanta el papalote con sus brazos.

El viento impulsa el papalote.

El papalote remonta vuelo.

Pronto sube al cielo.

¿Por qué vuela el papalote de Quica?

○ El viento lo impulsa

○ No hay árboles

Hazte la pregunta con tus propias palabras.

La lluvia

Viste su mandil a rayas
la mañanita olorosa
y a través de la ventana,
está regando las rosas.

Oscar Alfaro

63

Conozcamos a Krystyna Stasiak

Krystyna nació y estudió en Polonia. Los colores y las formas le fascinan. Su tema preferido son los animales y piensa que tienen personalidad propia.

Toñita y la fiesta

Ilustraciones de Krystyna Stasiak

Es una mañana de otoño.

Pronto será el cumpleaños de la osa.

—Mira, Toñita —le dice el patito—.

Tengo una pelota para la osa.

El sapo se asoma y dice:

—Tengo una piñata para la osa.

La palomita dice:

—Mira lo que tengo. Este moño es para la osa.

El papá oso dice:

—Ven a la fiesta mañana, Toñita.

—No —dice la araña—. No tengo
regalo para la osa.

La araña Toñita se pasea por su tela de araña, piensa que te piensa.

El día pasa.

La araña se pasea y se pasea.

78

—¡Ya sé! —dice Toñita—. ¡Ya sé!

Llega el día de la fiesta.

—¡Mira qué lindo! —dice el sapo.

—¡Toñita! ¿Es éste es un chal de tela de araña? —dice la paloma.

—Sí —dice Toñita—. Es para el cumpleaños de la osa.

—Toñita —dice la osa—. ¡Qué lindo regalo!

¡Qué lindo el chal de tela de araña!

Preguntas y actividades

1 ¿Qué regalo tiene el patito para la osa?

2 ¿Por qué no quiere ir la araña a la fiesta?

3 ¿Irías tú a una fiesta sin llevar regalo?

4 ¿Qué regalos tuvo Toñita?

5 ¿Se parecen los animales de "Toñita" a los de "La rana, el topo, el sapo y el pato"?

Escribe una invitación de cumpleaños

Imagínate que eres la osa y el patito te dice que Toñita no quiere ir a la fiesta. Escríbele una invitación para convencerla de que venga.

Querida Toñita:
Quiero que vengas a mi fiesta. No importa que no traigas un regalo. Los regalos son de menos. Lo importante es nuestra amist
¡Ven, por favor! Lo pasaremos muy bien.
Tu amiga, la osita

86

El juego de la memoria

Necesitas tres compañeros. Uno de ustedes empieza: "La osa ha invitado a la araña". Sigue jugando hasta que uno se olvide de un animal. ¿Cuántos animales has recordado?

La osa ha invitado a la araña, a la mariposa, al lobo y al conejo.

La osa ha invitado a la araña y a la mariposa.

La osa ha invitado a la araña, a la mariposa y al lobo.

La osa ha invitado a la araña.

Investiga

A los osos les encanta la miel. ¿De qué depende el color de la miel? Averigua la respuesta.

¿Quién habló y qué dijo?

Esta tabla muestra lo que los animales le dijeron a Toñita.

Patito:	Tengo una pelota para la osa.
Palomita:	Este moño es para la osa.
Sapo:	Tengo una piñata para la osa.
Osa:	¡Qué lindo regalo!

Observa la tabla

1 ¿Qué dice el patito?

2 ¿Le gusta el chal a la osa?

¿Qué está haciendo Julia?

Julia sacó los dedos de los pies.

Julia sacó las piernas.

Julia sacó los dedos de las manos.

Julia sacó los brazos.

Julia se salió de la cama por completo.

Hacía demasiado frío.

Entonces Julia se volvió a meter en su cama calentita.

¿Por qué se volvió Julia a la cama?

○ Hacía demasiado frío.

○ Tenía sueño.

Piensa en lo que te dice el cuento.

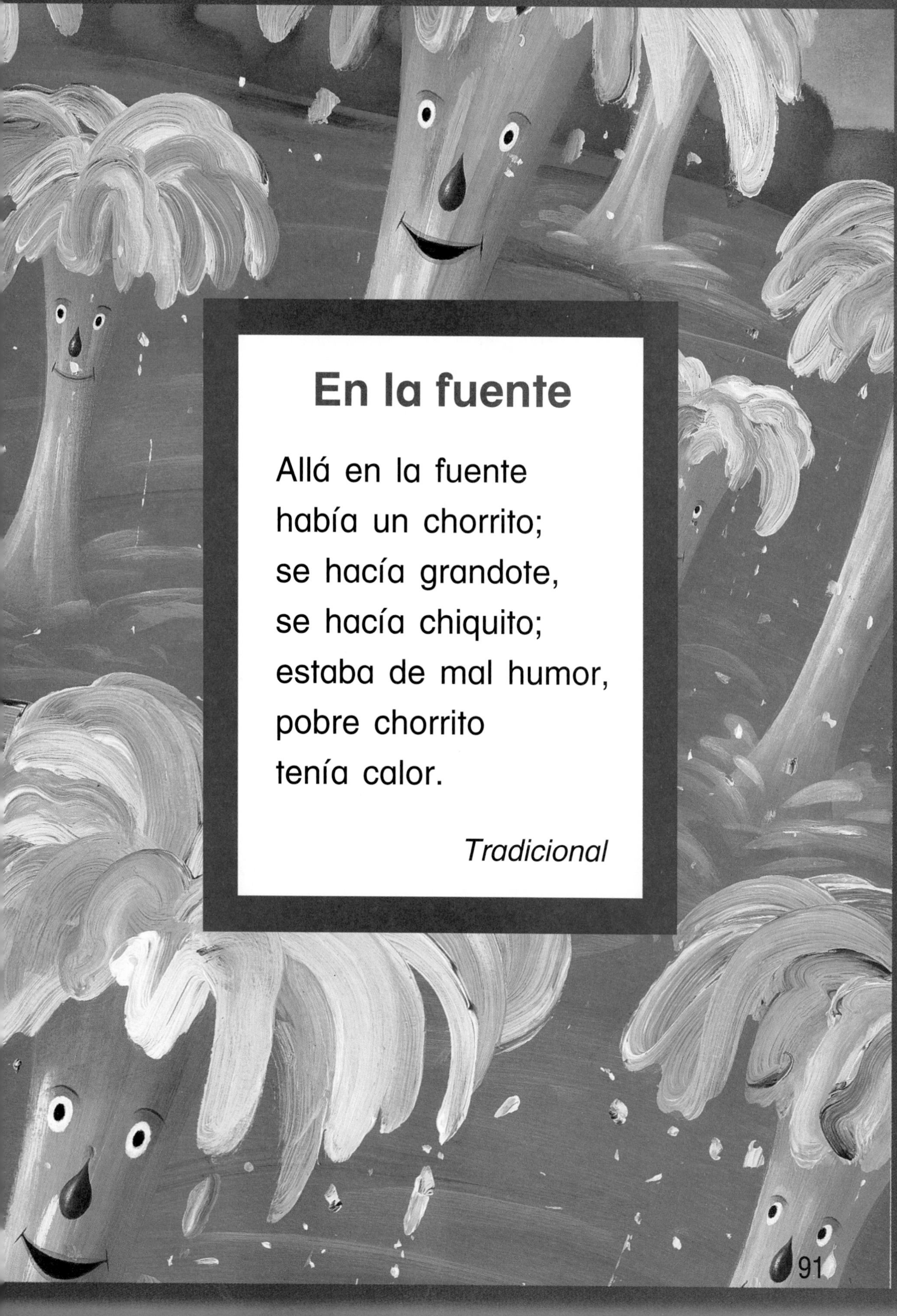

En la fuente

Allá en la fuente
había un chorrito;
se hacía grandote,
se hacía chiquito;
estaba de mal humor,
pobre chorrito
tenía calor.

Tradicional

Conozcamos a Concepción Zendrera

Concepción ha dedicado su vida a la literatura infantil y tiene un don especial para comunicarse con los niños. Es autora de muchos libros y ha traducido muchos otros al español.

Conozcamos a Gloria Carasusan

Su sensibilidad por el color y la belleza de sus dibujos han hecho de Gloria una de las mejores ilustradoras españolas de literatura infantil de esta década.

A dormir yo, no

Concepción Zendrera

ilustraciones de Gloria Carasusan

¡Qué guapo estás
con ese pijama!
Ahora ya estás a punto
para irte a dormir.

A dormir yo, no;
el oso es el que
tiene que ir a dormir.

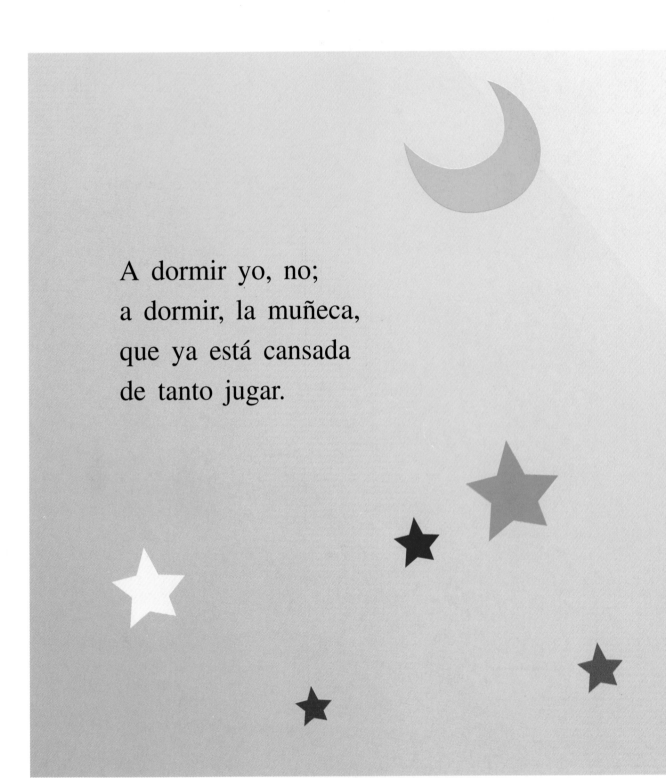

A dormir yo, no;
a dormir, la muñeca,
que ya está cansada
de tanto jugar.

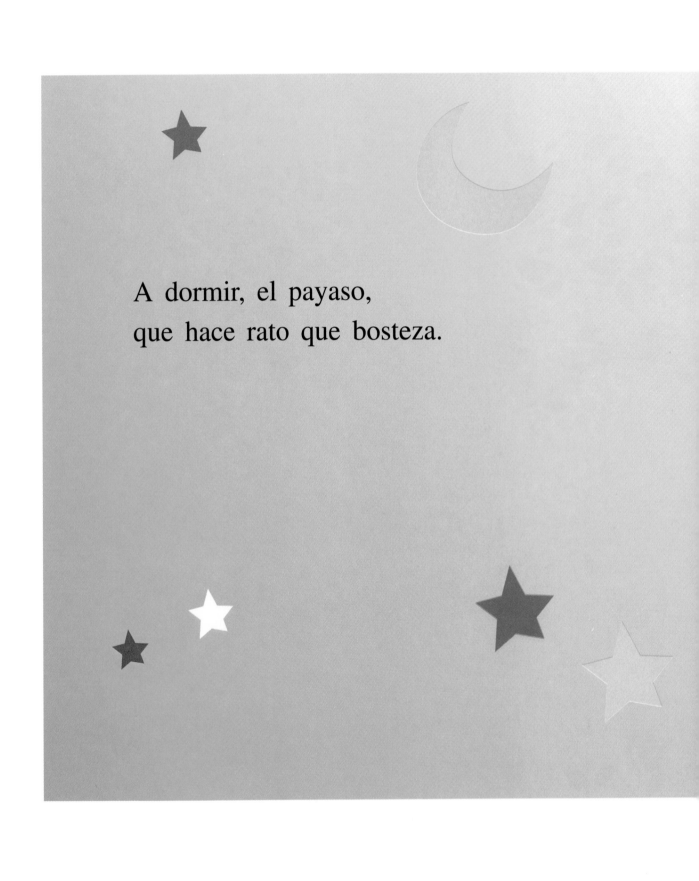

A dormir, el payaso,
que hace rato que bosteza.

A dormir yo, no;
aún tengo que mirar un libro.

¡Huy, cuántos somos!
¡Qué bien se está en la cama!
Ya no falta nadie.

Casi no quepo,
le dice el payaso al oso.

¡Oh! Tengo sed.
¿Dónde está mi vaso de leche?
¡Mmm..., qué rica!

Bueno, dormiré, pero antes
me cantarás mi canción,
¿verdad, mamá?

Pajarito que cantas
en el almendro,

no despiertes a Pedro,
que está durmiendo.

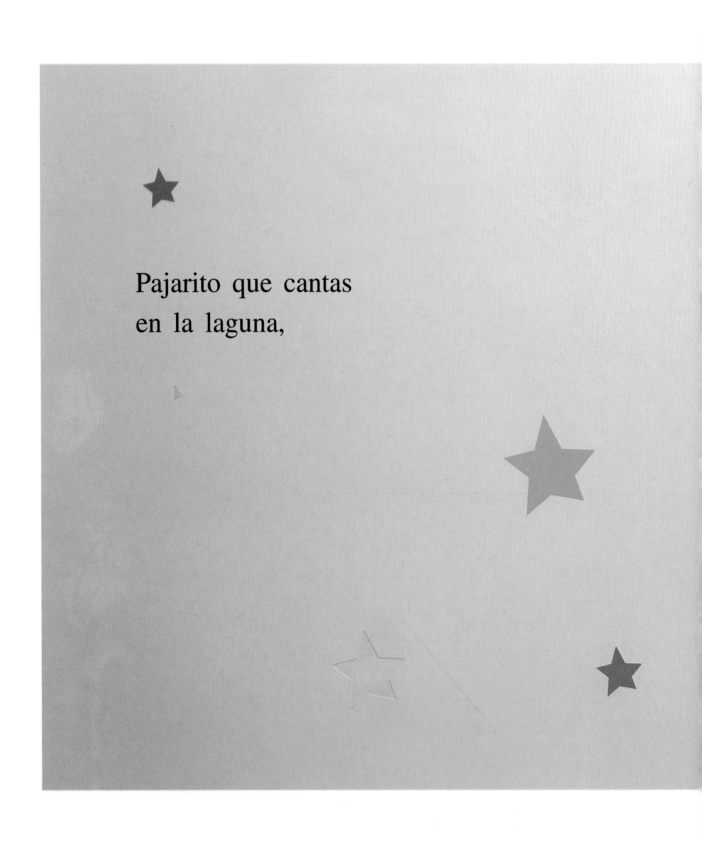

Pajarito que cantas
en la laguna,

no despiertes a la niña,
que está en la cuna.

¡Buenas noches!

Preguntas y actividades

1. ¿Qué pide Pedro antes de dormir?

2. ¿Quién le canta a Pedro una canción de cuna?

3. ¿Te gusta dormir con tus juguetes en la cama?

4. ¿Qué razones le da Pedro a su mamá para no dormir?

5. ¿Has leído otro cuento sobre la luna?

Escribe un diálogo

Imagínate que eres la mamá del cuento. Escribe las razones que le darías a Pedro para que se fuera a dormir.

Chico lindo, ¿por qué no quieres dormir? Hoy te sientes bien. ¿Y mañana? Mañana no tendrás fuerzas para patear la pelota, ni para jugar con tus amigos. Mañana tendrás ganas de leer un cuento pero los ojos se te cerrarán de cansancio. Ven, échate. Te cantaré una canción.

Haz un mural de pájaros

Piensa en un pájaro que te guste. Píntalo y recórtalo. Escribe su nombre en el medio. Cuélgalo en un mural del salón de clases junto a los dibujos de tus compañeros.

azulejo

Pájaros

loro   azulejo   cardenal   ruiseñor

Investiga

¿Qué animales son buenas mascotas? Averigua también qué les gusta comer.

119

Tabla de aves

Esta tabla indica los tipos de aves según la forma de sus patas.

Tipo	Ilustración	Ejemplo
Trepadoras		Loro
Rapiña		Águila
Acuáticas		Pato

Observa esta tabla

1 ¿Cuántos tipos de aves hay?

2 ¿Qué tienen las aves acuáticas en las patas que les sirve para nadar?

Un viaje al granero

Comenzaba a ponerse el sol.

El granjero José quería maíz para la cena.

Había puesto el maíz en el granero rojo.

El granjero José se puso las botas y fue hacia el granero.

Recogió tres mazorcas de maíz.

—Una, dos, tres —contó el granjero José.

—¡Qué suerte que voy a cenar pronto!

—dijo muy contento.

Entonces regresó a su casa con el maíz.

> Lee el cuento otra vez para que puedas contestar la pregunta.

¿Qué va a hacer el granjero José con el maíz?

○ Comérselo

○ Dárselo a los cerdos

Las lagartijas

Y así por los prados
verdes y rosados
del señor verano,
se van de la mano
bajo el sol que pica,
lagartija grande,
lagartija chica.

María Hortensia Lacau

TIME FOR KIDS

INFORME ESPECIAL

¡Talán!
¡Talán! ¡Talán!
¡A apagar el fuego!

¿Cómo trabajan los bomberos? Van en un gran camión rojo a apagar el fuego. En el gran camión rojo hay muchas cosas que sirven para apagar el fuego. Los bomberos llegan con la escalera hasta donde están las llamas. El motor bombea el agua que pasa por la manguera. Con la manguera echan agua a las llamas.

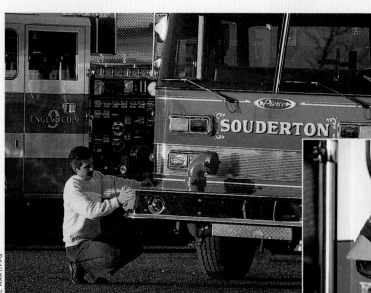

Siempre hay mucho trabajo. Los camiones deben estar limpios y listos para salir. Los bomberos usan máscaras para protegerse. Las máscaras no dejan entrar el humo ni el calor.

INVESTIGA
Visita nuestra página web:
www.mhschool.com/

CONEXIÓN
*inter*NET

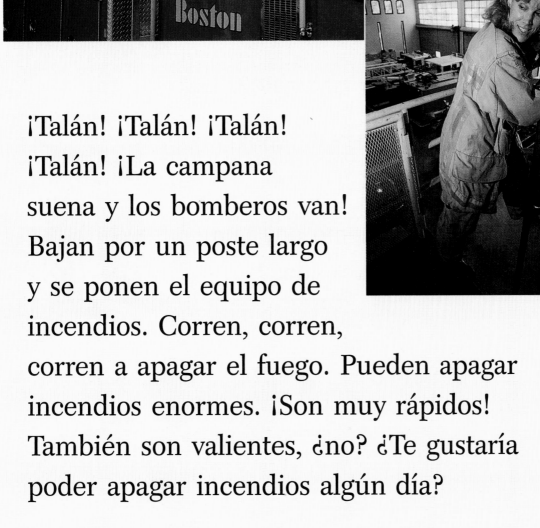

¡Talán! ¡Talán! ¡Talán! ¡Talán! ¡La campana suena y los bomberos van! Bajan por un poste largo y se ponen el equipo de incendios. Corren, corren, corren a apagar el fuego. Pueden apagar incendios enormes. ¡Son muy rápidos! También son valientes, ¿no? ¿Te gustaría poder apagar incendios algún día?

Basado en un artículo de TIME FOR KIDS.

Preguntas y actividades

1 ¿Con qué se bombea el agua que pasa por la manguera?

2 ¿Cómo sabes que un camión de bomberos se dirige a apagar un fuego?

3 ¿Te gustaría ser bombero?

4 ¿Puedes describir el trabajo de un bombero?

5 ¿En qué otro cuento hay una persona que salva vidas?

Haz una descripción

¿Qué debes hacer en un simulacro de incendio? Haz un dibujo y escribe una oración.

Diseña una insignia

Diseña una insignia de seguridad contra incendios.

Píntala, recórtala y llévala en tu chaqueta.

Sé cómo evitar incendios.

Sé cómo evitar incendios.

Sé cómo evitar incendios.

Investiga

Averigua cuál es la mejor salida de la escuela y de tu casa en caso de incendio.

ESTUDIO

Votación y resultados

Unos niños hicieron una votación sobre lo que quieren ser cuando sean grandes. Esta tabla muestra los resultados.

Cuando sea grande

Ocupación		Número de niños
	bombero	||||
	panadero	||
	veterinario	||||
	profesor	̶H̶H̶||

Observa la tabla

1 ¿Cuántos niños quieren ser veterinarios?

2 ¿Qué ocupación tiene más votos?

La chimenea

El hombre venía de afuera.

Se sacudió la nieve de las botas.

Llevaba leña en los brazos.

Puso un poco de leña en el fuego.

Puso la mampara frente al fuego.

El fuego de la chimenea daba calor.

Le calentaba los dedos de los pies.

El hombre se sentó en su silla.

Se meció para atrás y para adelante.

Vino el gato y se sentó en su regazo.

Luego durmieron la siesta juntos.

¿Qué estación del año es en el cuento?

○ Verano

○ Invierno

> Lee las dos respuestas. ¿Cuál es la respuesta correcta?

131

Ronda de los padres

Si el toro padre
es papá toro;
caballo padre,
papá caballo;
y el loro padre
es papá loro—
¿el gallo padre
es papagayo?

David Chericián

Glosario

Este glosario te ayudará a encontrar el significado de algunas de las palabras de este libro que quizás no conozcas.

Las palabras están en orden alfabético. Cada palabra va acompañada de una ilustración y una oración simple que te ayudarán a entender su significado.

Ejemplo de entrada

Entrada   **Oración de muestra**

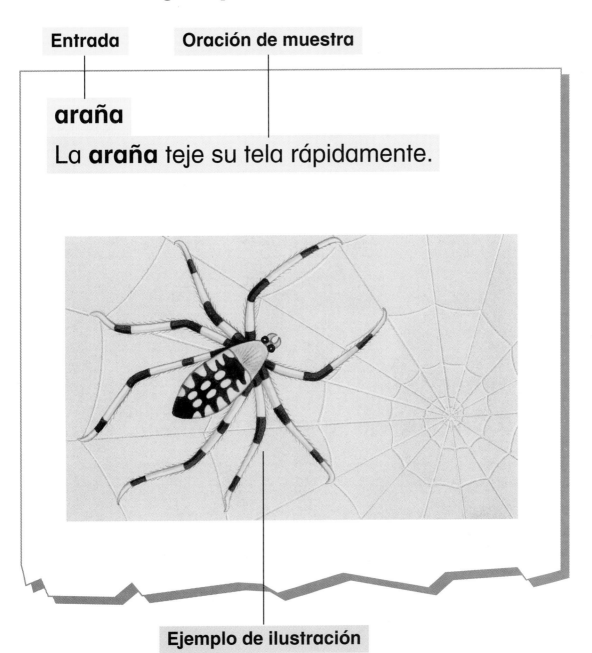

araña

La **araña** teje su tela rápidamente.

Ejemplo de ilustración

almendro

El **almendro** es un árbol que da almendras.

araña

La **araña** teje su tela rápidamente.

cohete

Este **cohete** vuela al espacio.

El cohete también se llama nave espacial.

fuego

Nunca se debe jugar con **fuego.**

helado

Este **helado** es delicioso.

laguna

Los patos nadan en la **laguna.**

leche

La **leche** es muy nutritiva y fortalece
los huesos.

manguera

El agua sale por la **manguera** para apagar
el fuego.

máscara

El niño lleva una **máscara** de vaquero.

moño

A este cerdito le pusieron un lindo **moño** rojo.

ojos

Los **ojos** de este niño son más grandes que los ojos del conejo.

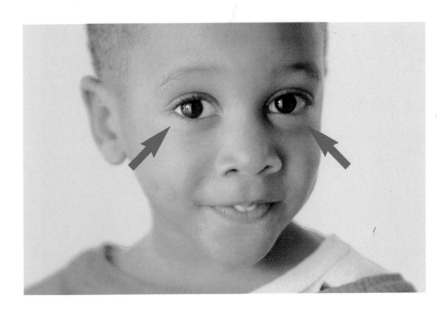

orejas

Los conejos tienen **orejas** largas.

otoño

En **otoño** las hojas de los árboles se vuelven amarillas.

patos

Los **patos** son aves que nadan en el agua.

payaso

El **payaso** hace reír a la gente en el circo.

regalo

El día de mi cumpleaños recibí un lindo **regalo.**

ACKNOWLEDGMENTS

The publisher gratefully acknowledges permission to reprint the following copyrighted material:

"Canciones de la preguntona" from PAÍS DE SILVIA by María Hortensia Lacau. Copyright © 1985 by Editorial Plus Ultra. Used by permission of the publisher.

"La jirafa" from EL AVIÓN DE PAPEL by Oscar Alfaro. Copyright © Oscar Alfaro. Used by permission of Secretaría Nacional de Educación de Bolivia.

"El conejo" by Rodolfo Fonseca. Copyright © by Consejo Nacional de Fomento Educativo. Used by permission of the publisher.

"La brujita glotona" by Carmen Rojas from TESORO DE LA INFAN-CIA 3. Copyright © by Editorial Universitaria. Used by permission of the publisher.

"El gato de las mil narices" by Margarita Robleda Moguel. Illustrated by Maribel Suárez. Copyright © 1990 by SITESA, S.A. de C.V. Used by permission of the publisher.

"La lluvia" from EL AVIÓN DE PAPEL by Oscar Alfaro. Copyright © Oscar Alfaro. Oscar Alfaro. Used by permission of Secretaría Nacional de Educación de Bolivia.

"A dormir yo no" by Concepción Zendrera. Illustrated by Gloria Carasusan Copyright © by Editorial Juventud. Used by permission of the publisher.

"Lagartijas paseadoras" from EL PAÍS DE SILVIA by María Horsensia Lacau. Copyright © 1985 by Editorial Plus Ultra. Used by permission of the publisher.

"Ronda de los padres" from URÍ URÍ URÁ by David Chericián. Copyright © 1994 by Consejo Nacional de Fomento Educativo. Used by permission of the publisher.

Cover Illustration
Christine Mau

Illustration
Randall Enos, 6; Mariano Gil, 8-9; Maru Jara, 10-30 top; Daniel Del Valle, 30 bottom, 31, 86 bottom, 119; Rita Lascaro, 32, 60, 120; Eldon Doty, 33; Megan Halsey, 34-35; Maribel Suárez, 36-58; Bernard Adnet, 61, 131; Claude Martinot, 62-63; Krystyna Stasiak, 64-86 top, 88; Ken Bowser, 89, 121; InSu Lee, 90-91; Gloria Carasusan, 92-118; David Diaz, 122-123; Nancy Tobin, 130; Rosekrans, Hoffman, 132-133;

Photography
Unit 1 127:t. Renne Lynn/Photo Researchers, Inc.
Unit 2 140: Frans Lanting/Minden Pictures 141: Mickey Gibson/Animals Animals 142:b. Steve lawrence/The Stock Market 145:t. Staffan Widtrand/The Wildlife Collection
Unit 3 131:b. David Young-Wolfe/PhotoEdit 134:t. Nigel Cattlin/Holt Studios International/Photo Researchers, Inc. 134:b. D. Cavagnaro/DRK Photo 135: Ron Chapple/FPG International 136: Luiz C. Marigo/Peter Arnold, Inc.
Unit 4 134:t. J. Barry O'Rourke/The Stock Market 138:t. Richard Laird/FPG International 138:b. PictureQuest 139:t. Alan Epstein/FPG International; 029 b Ken Karp for MHSD; 031 t David Mager for MHSD; 043 tr MHSD; 043 br Scott Harvey for MHSD; 043 bl Scott Harvey for MHSD; 055 b Johnny Johnson/DRK Photos; 056 tr Johnny Johnson/DRK Photos; 059 b Thomas Kitchin/Tom Stack and Assoc. 061 t MHSD; 061 b Visuals Unlimited; 067 br MHSD; 081 b Mark E. Gibson Photography; 087 b Gary R. Zahm/Bruce Coleman, Inc.; 087 t David Mager for MHSD; 110 t George D. Dodge/Bruce Coleman, Inc.; 122 b Ray Soto/The Stock Market; 123 t Corbis; 124 b E. Nagele/FPG International; 126 b Gail Mooney/Corbis; 128 b Jim Brown/The Stock Market; 129 m David Stoecklein/The Stock Market; 130 b MHSD; 132 t Erwin Bauer;Peggy Bauer/Bruce Coleman/PNI; 133 b George Lepp/Corbisl; 133 b Camping Photo Network/PNI; 133 t Joseph Drivas/Image Bank; 136 top Bokelberg/Image Bank; 137 t Tim Brown/Tony Stone Images; 137 t Steve Prezant/The Stock Market; 139 b Layne Kennedy/Corbis; 142 t The Stock Market; 143 t Kelly-Mooney Photography/Corbis; 145 b Mike Malyszko/Stock Boston; 187 bi MHSD; 187 br MHSD; 260 b George Hall/Check Six; 263 b Jim Witherington; 263 t Derke/OŌHara/Tony Stone Images; 265 b Jay Schlegel/The Stock Market; 266 m Steve Grubman/The Image Bank; 268 b Paul Chesley; 269 t Alan Schein/The Stock Market